Impressum
Verlag: BABADADA GmbH, Nedderfeld 112 , 22529 Hamburg
Geschäftsführer / Verlagsleitung: Harald Hof
Druck: Books on Demand GmbH, In de Tarpen 42, 22848 Norderstedt

Imprint
Publisher: BABADADA GmbH, Nedderfeld 112 , 22529 Hamburg, Germany
Managing Director / Publishing direction: Harald Hof
Print: Books on Demand GmbH, In de Tarpen 42, 22848 Norderstedt

學校

школа

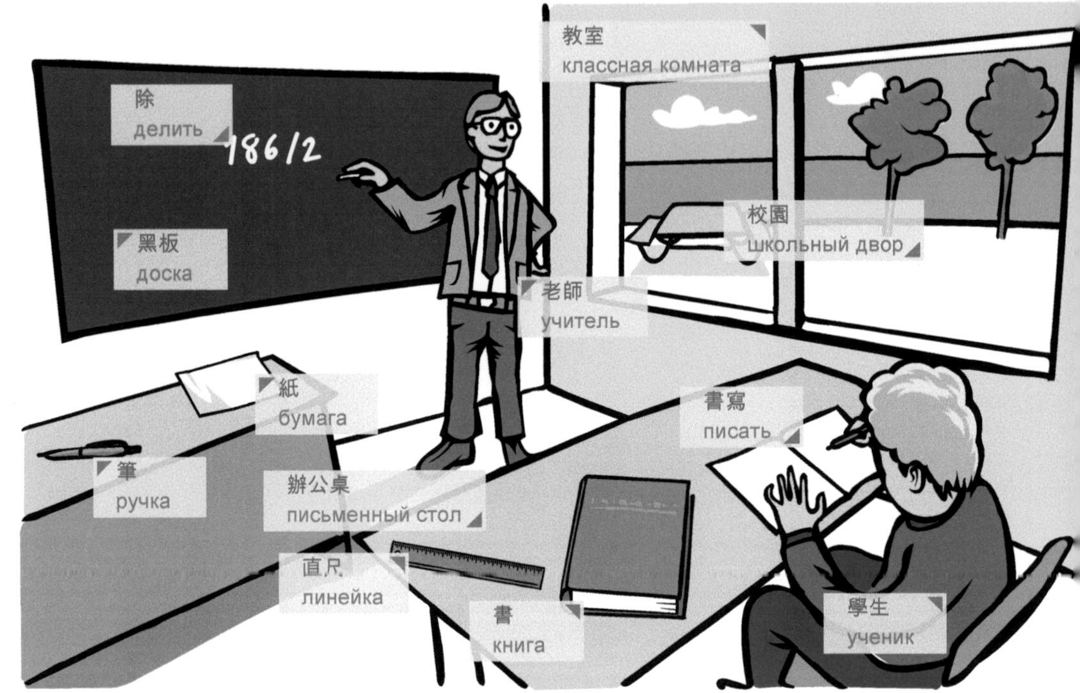

教室
классная комната
除
делить
186/2
黑板
доска
校園
школьный двор
老師
учитель
紙
бумага
書寫
писать
筆
ручка
辦公桌
письменный стол
直尺
линейка
書
книга
學生
ученик

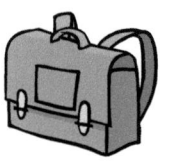

書包

ранец

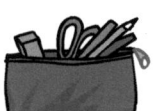

鉛筆盒

пенал

鉛筆

карандаш

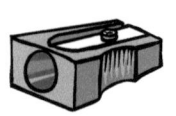

削鉛筆機

точилка

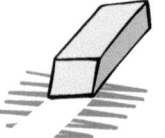

橡皮擦

ластик

畫板

альбом для рисования

圖畫

рисунок

畫筆

кисточка

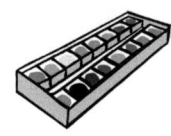

顏料盒

коробка красок

剪刀

ножницы

膠水

клей

練習冊

тетрадь

家庭作業

домашняя работа

12

數字

цифра

2+2

加

прибавлять

5-2

減

вычитать

2×2

乘

умножать

計算

считать

A

字母

буква

ABCDEFG HIJKLMN OPQRSTU VWXYZ

字母表

алфавит

字

слово

課文

текст

讀

читать

粉筆

мел

上課

урок

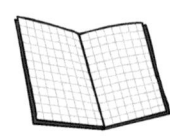

登記

классный журнал

考試

экзамен

證書

диплом

校服

школьная форма

教育

образование

百科全書

энциклопедия

大學

университет

顯微鏡

микроскоп

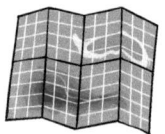

地圖

карта

廢紙簍

корзина для бумаг

學校 - школа

旅行

путешествие

飯店
гостиница
Grand
青年旅社
турбаза
ROOMS
外幣兌換處
пункт обмена валюты
EXCHANGE
手提箱
чемодан
汽車
автомобиль

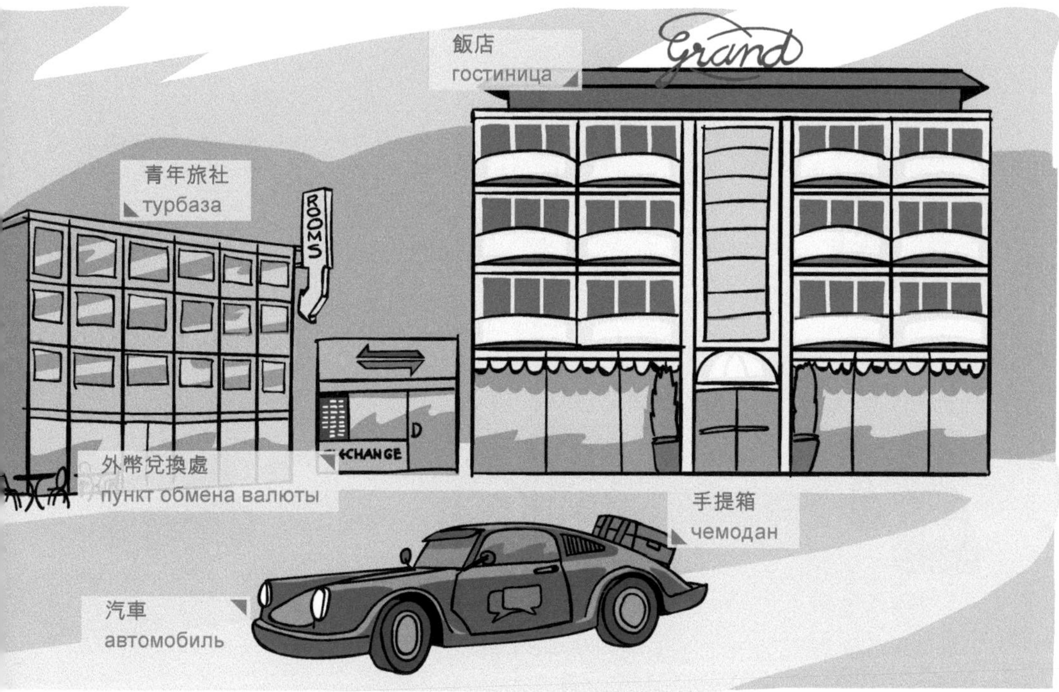

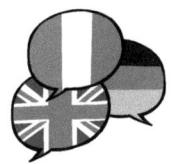

語言

язык

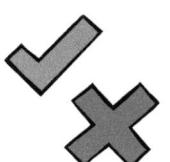

是/否

да / нет

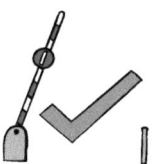

好的

хорошо

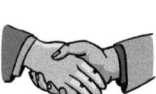

您好

Привет

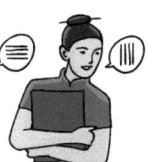

翻譯人員

переводчик

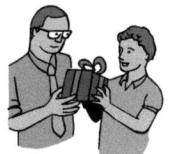

謝謝

Спасибо

.....多少錢？

Сколько стоит...?

我不明白

Я не понимаю

問題

проблема

晚上好！

Добрый вечер!

早上好！

Доброе утро!

晚安！

Доброй ночи!

再見

До свидания

方向

направление

行李

багаж

包

сумка

背包

рюкзак

客人

гость

房間

комната

睡袋

спальный мешок

帳篷

палатка

旅行資訊
туристическая
информация

海灘
пляж

信用卡
кредитная карточка

早餐
завтрак

午餐
обед

晚餐
ужин

票
билет

電梯
лифт

郵票
почтовая марка

邊界
граница

海關
таможня

大使館
посольство

簽證
виза

護照
паспорт

транспорт

船
корабль

飛機
самолёт

消防車
пожарный автомобиль

卡車
грузовик

公車
автобус

汽艇
моторная лодка

汽車
автомобиль

腳踏車
велосипед

渡輪
....
паром

小船
....
лодка

機車
....
мотоцикл

警車
....
полицейский автомобиль

賽車
....
гоночный автомобиль

租車
....
арендованный
автомобиль

拼車

совместное пользование
автомобилями

拖車

буксировочный
автомобиль

垃圾車

мусоровоз

馬達

двигатель

汽油

топливо

加油站

заправка

交通標識

дорожный знак

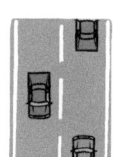

交通

движение

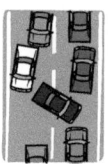

交通堵塞

пробка

停車場

автостоянка

火車站

вокзал

軌道

рельсы

火車

поезд

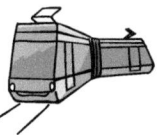

路面電車

трамвай

客車廂

вагон

交通運送 - транспорт

直升機

вертолёт

機場

аэропорт

塔

вышка

乘客

пассажир

集裝箱

контейнер

紙板箱

коробка

手推車

тележка

籃子

корзина

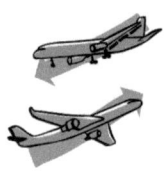

起飛/降落

взлетать / приземляться

城市

город

村莊

деревня

市中心

центр города

房子

дом

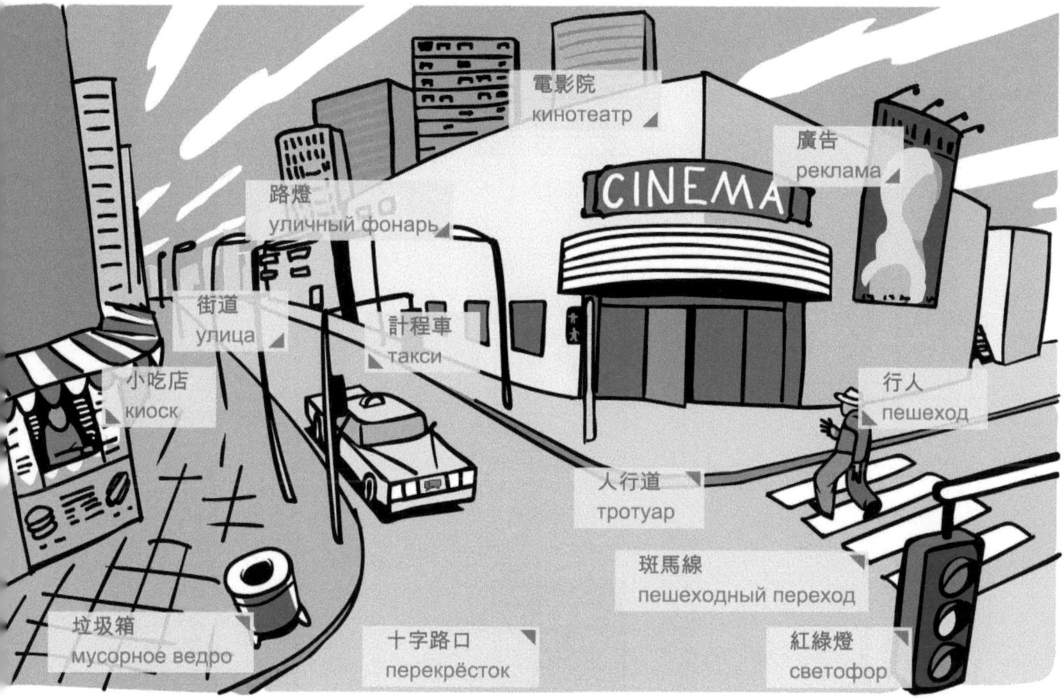
電影院
кинотеатр
CINEMA
廣告
реклама
路燈
уличный фонарь
街道
улица
計程車
такси
小吃店
киоск
行人
пешеход
人行道
тротуар
斑馬線
пешеходный переход
垃圾箱
мусорное ведро
十字路口
перекрёсток
紅綠燈
светофор

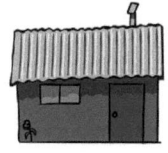

小屋

хижина

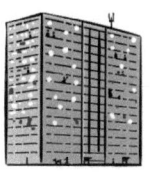

公寓

квартира

火車站

вокзал

市政廳

ратуша

MUSEUM

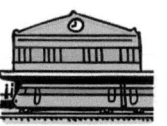

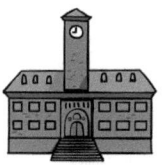

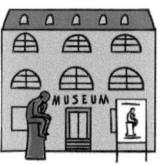

博物館

музей

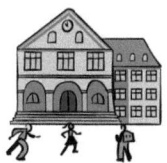

學校

школа

大學

университет

銀行

банк

醫院

больница

飯店

гостиница

藥房

аптека

辦公室

офис

書店

книжный магазин

商店

магазин

花店

цветочный магазин

超市

супермаркет

市場

рынок

百貨商店

универмаг

魚店

торговец рыбой

購物中心

торговый центр

海港

порт

公園

парк

長凳

скамейка

橋

мост

樓梯

лестница

捷運

метро

隧道

тоннель

公車站

автобусная остановка

酒吧

бар

餐館

ресторан

郵筒

почтовый ящик

路標

табличка с названием улицы

停車計時器

паркометр

動物園

зоопарк

游泳池

бассейн

清真寺

мечеть

農場

ферма

污染

загрязнение окружающей среды

墓地

кладбище

教堂

церковь

操場

детская площадка

寺廟

храм

地形
ландшафт

樹葉
лист

指示牌
дорожный указатель

路
дорога

草地
луг

石頭
камень

徒步旅行者
путешественник

樹
дерево

河
река

草
трава

花
цветок

峽谷

долина

丘陵

гора

湖

озеро

森林

лес

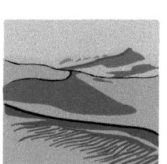

沙漠

пустыня

火山

вулкан

城堡

замок

彩虹

радуга

蘑菇

гриб

棕櫚樹

пальма

蚊子

комар

蒼蠅

муха

螞蟻

муравей

蜜蜂

пчела

蜘蛛

паук

地形 - ландшафт

甲蟲

жук

青蛙

лягушка

松鼠

белка

刺蝟

еж

野兔

заяц

貓頭鷹

сова

鳥

птица

天鵝

лебедь

野豬

кабан

鹿

олень

麋鹿

лось

水壩

плотина

風力發電機

ветряной генератор

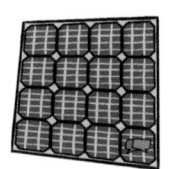

太陽能電池板

солнечная батарея

氣候

климат

餐館

ресторан

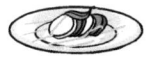

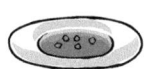

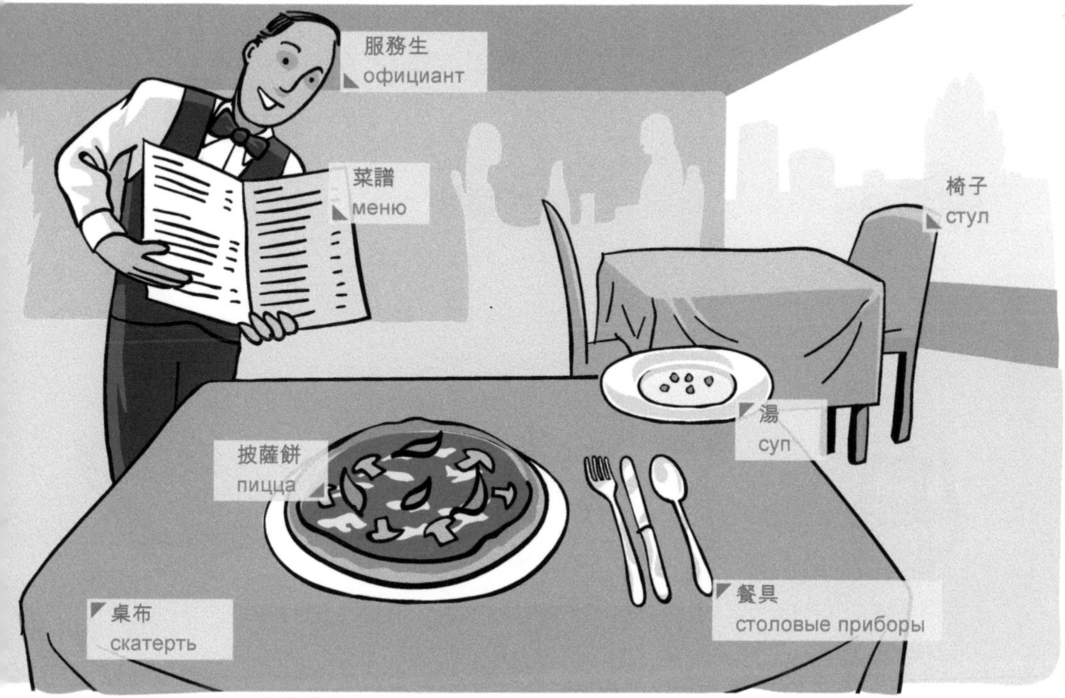
服務生
официант
菜譜
меню
椅子
стул
湯
суп
披薩餅
пицца
餐具
столовые приборы
桌布
скатерть

前菜

закуска

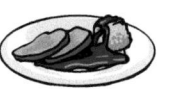

主菜

главное блюдо

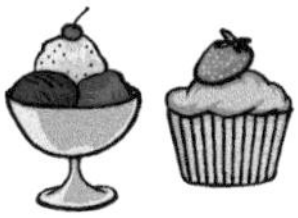

甜點

десерт

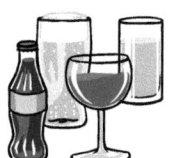

飲料

напитки

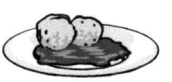

食物

еда

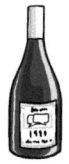

瓶子

бутылка

速食

фастфуд

街邊小吃

уличная еда

茶壺

чайник

糖盒

сахарница

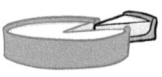

一份飯菜

порция

義式咖啡機

кофеварка

高腳椅

детский стульчик

帳單

счет

托盤

поднос

刀

нож

餐叉

вилка

勺子

ложка

茶匙

чайная ложка

餐巾

салфетка

玻璃杯

стакан

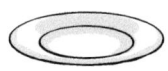

碟子

тарелка

湯盤

суповая тарелка

碟子

блюдце

醬

соус

鹽瓶

солонка

胡椒研磨罐

мельница для перца

醋

уксус

食用油

масло

調味料

специи

番茄醬

кетчуп

芥末

горчица

美乃滋

майонез

特價
специальное предложение

顧客
покупатель

乳製品
молочные продукты

水果
фрукты

購物車
тележка для покупок

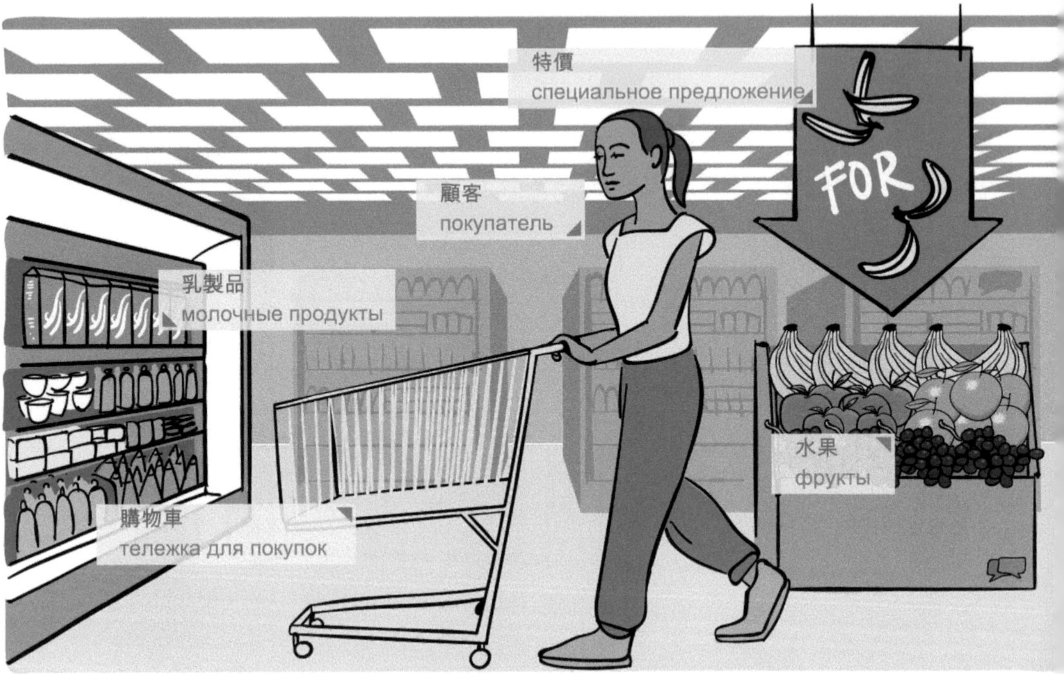

肉鋪

мясной магазин

麵包店

пекарня

稱重

взвешивать

蔬菜

овощи

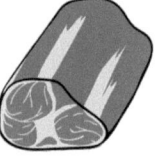

肉

мясо

冷凍食品

быстрозамороженные
продукты

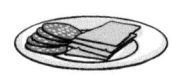

冷盤

нарезка

罐頭食品

консервы

洗衣粉

стиральный порошок

甜食

сладости

日用品

предмет домашнего обихода

清潔用品

моющее средство

銷售員

продавщица

收銀機

касса

收銀員

кассир

購物清單

список покупок

開放時間

время работы

錢包

бумажник

信用卡

кредитная карточка

袋子

сумка

塑膠袋

полиэтиленовый пакет

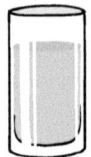

水

вода

果汁

сок

牛奶

молоко

可樂

кока-кола

紅酒

вино

啤酒

пиво

酒

алкоголь

可可

какао

茶

чай

咖啡

кофе

義式濃縮咖啡

эспрессо

卡布奇諾

капучино

香蕉

банан

蘋果

яблоко

柳丁

апельсин

西瓜

арбуз

檸檬

лимон

胡蘿蔔

морковь

大蒜

чеснок

竹子

бамбук

洋蔥

лук

蘑菇

гриб

堅果

орехи

麵條

лапша

義大利麵
спагетти

米飯
рис

沙拉
салат

薯條
картофель фри

炸馬鈴薯
жареный картофель

披薩餅
пицца

漢堡
гамбургер

三明治
сэндвич

炸豬排
шницель

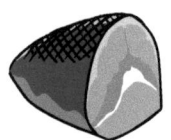

火腿
ветчина

義大利臘腸
салями

香腸
колбаса

雞肉
курица

烤肉
жаркое

魚
рыба

燕麥片

овсяные хлопья

木斯里

мюсли

玉米片

кукурузные хлопья

麵粉

мука

牛角麵包

круассан

麵包捲

булочка

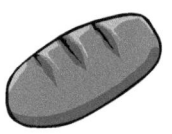

麵包

хлеб

吐司

тост

餅乾

печенье

奶油

масло

凝乳

творог

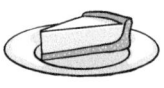

蛋糕

пирог

蛋

яйцо

煎蛋

яичница

起司

сыр

食物 - еда

冰淇淋

мороженое

糖

сахар

蜂蜜

мёд

果醬

мармелад

巧克力醬

крем с нугой

咖哩

карри

食物 - еда

農場

ферма

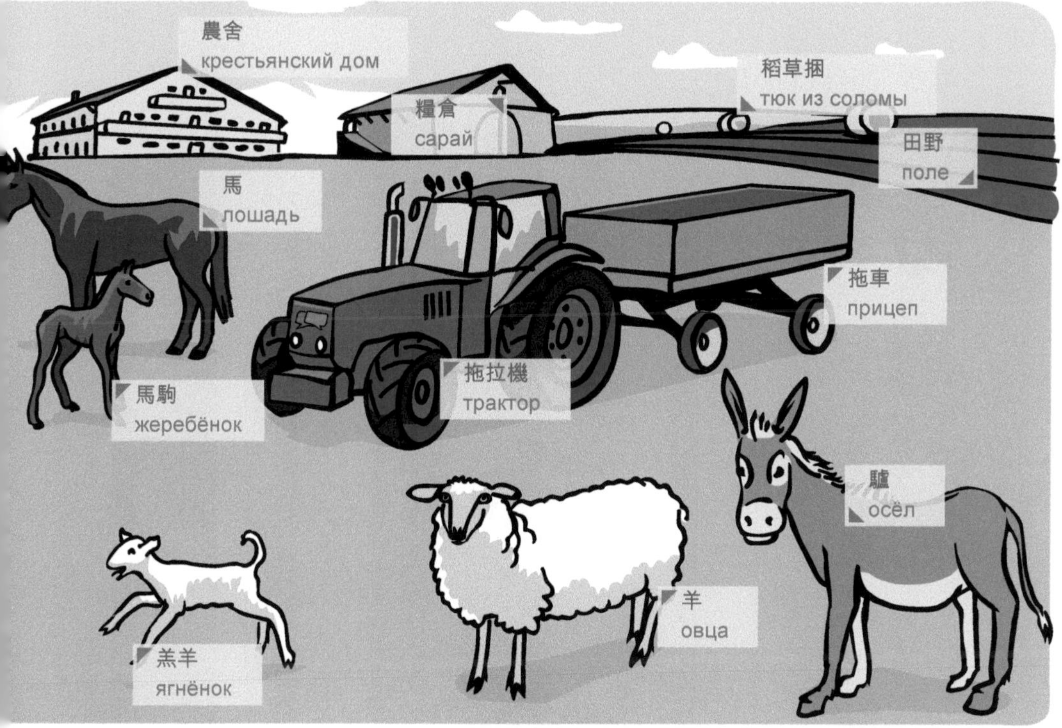
農舍
крестьянский дом
糧倉
сарай
稻草捆
тюк из соломы
田野
поле
馬
лошадь
拖車
прицеп
拖拉機
трактор
馬駒
жеребёнок
驢
осёл
羊
овца
羔羊
ягнёнок

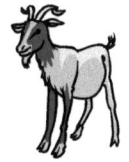

山羊

коза

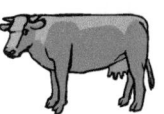

奶牛

корова

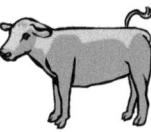

小牛

телёнок

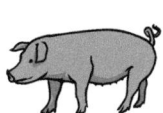

豬

свинья

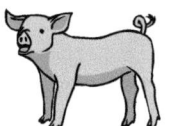

小豬

поросёнок

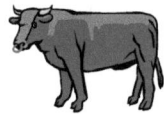

公牛

бык

鵝

гусь

鴨

утка

小雞

цыплёнок

母雞

курица

公雞

петух

鼠

крыса

貓

кошка

老鼠

мышь

牛

вол

狗

собака

狗屋

конура

花園澆水軟管

садовый шланг

澆水壺

лейка

長柄大鐮刀

коса

犁

плуг

鐮刀

серп

鋤頭

мотыга

長柄草耙

навозные вилы

斧頭

топор

獨輪手推車

тачка

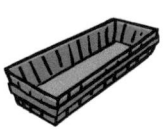

飼料槽

корыто

牛奶罐

бидон для молока

麻布袋

мешок

柵欄

забор

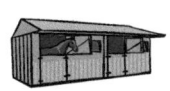

馬廄

хлев

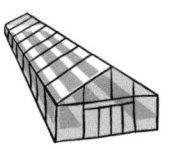

溫室

теплица

土壤

почва

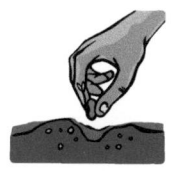

種子

посев

肥料

удобрение

聯合收割機

комбайн

收割

собирать урожай

收割

урожай

地瓜

ямс

小麥

пшеница

大豆

соя

土豆

картофель

玉米

кукуруза

油菜籽

рапс

果樹

фруктовое дерево

樹薯

маниок

穀物

злаки

30   農場 - ферма

房子

дом

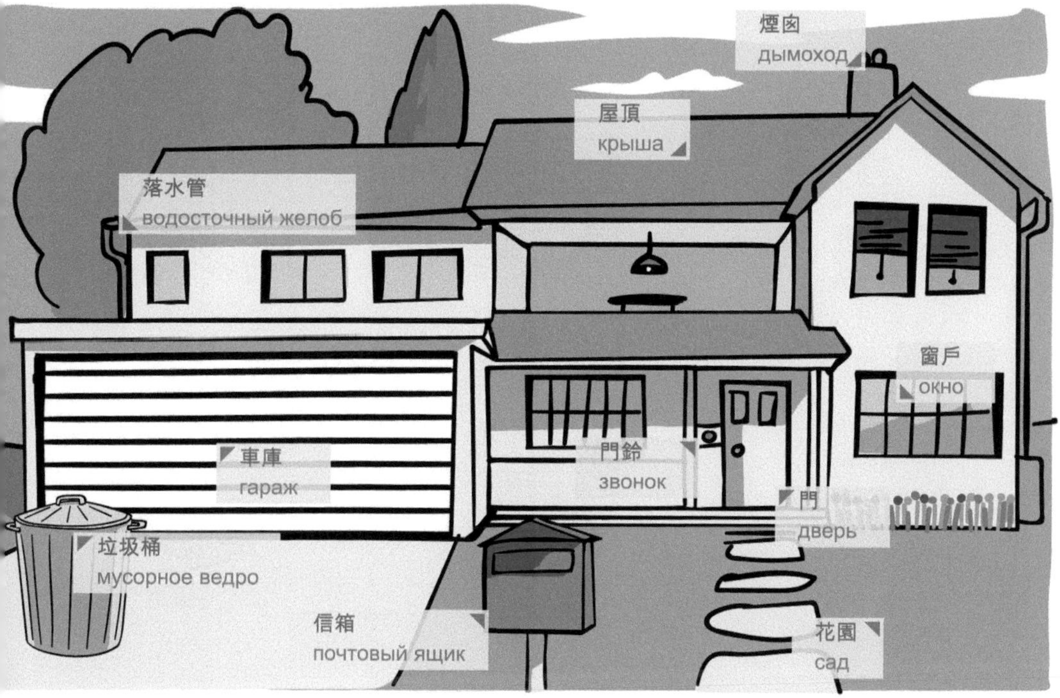

煙囪
дымоход
屋頂
крыша
落水管
водосточный желоб
窗戶
окно
車庫
гараж
門鈴
звонок
門
дверь
垃圾桶
мусорное ведро
信箱
почтовый ящик
花園
сад

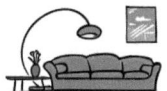

客廳

гостиная

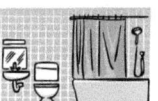

浴室

ванная комната

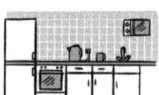

廚房

кухня

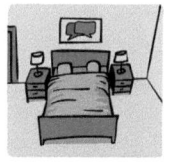

臥室

спальня

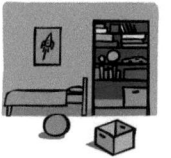

兒童房

детская комната

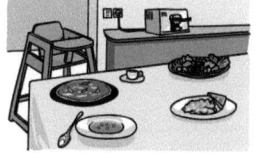

餐廳

столовая

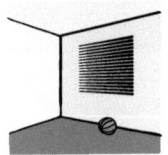

地板

пол

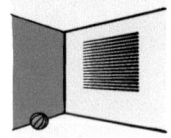

牆壁

стена

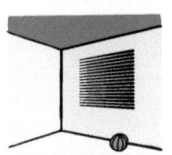

天花板

потолок

地窖

подвал

三溫暖

сауна

陽臺

балкон

露臺

терраса

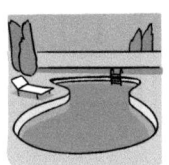

游泳池

бассейн

割草機

газонокосилка

被單

пододеяльник

床罩

покрывало

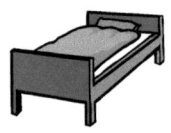

床

кровать

掃帚

метла

水桶

ведро

開關

выключатель

客廳

гостиная

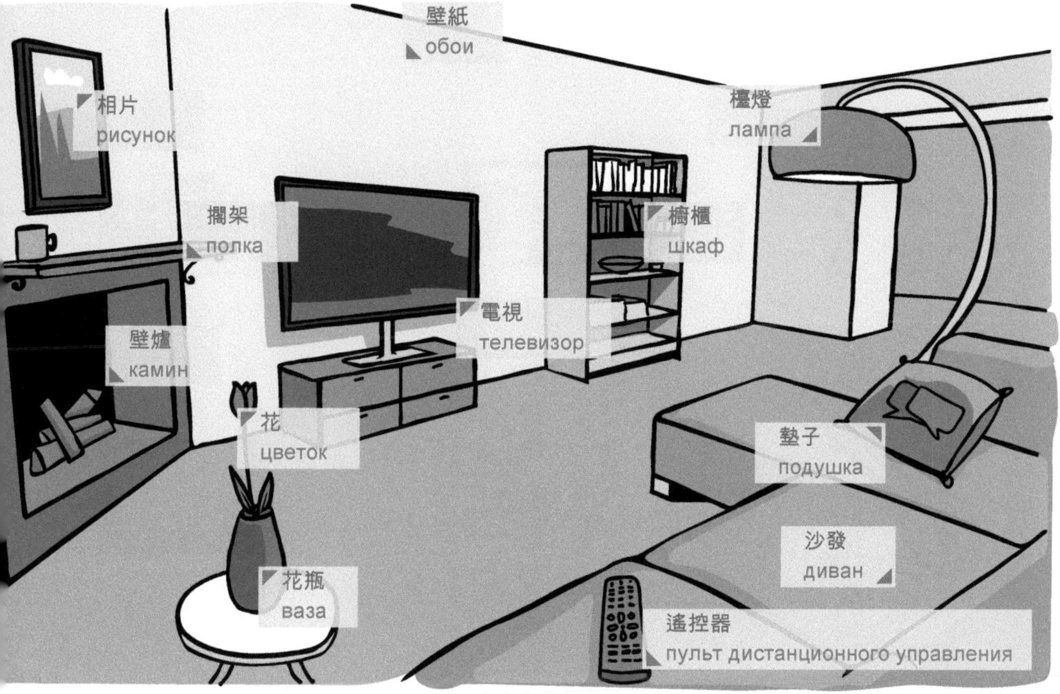
壁紙
обои
相片
рисунок
檯燈
лампа
擱架
полка
櫥櫃
шкаф
電視
телевизор
壁爐
камин
花
цветок
墊子
подушка
沙發
диван
花瓶
ваза
遙控器
пульт дистанционного управления

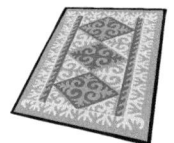

地毯

ковёр

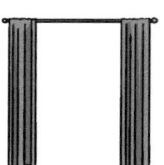

窗簾

штора

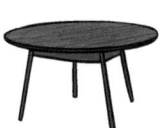

餐桌

стол

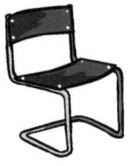

椅子

стул

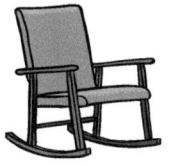

搖椅

кресло-качалка

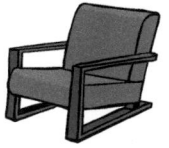

扶手椅

кресло

書

книга

毯子

покрывало

裝飾品

украшение

木柴

дрова

電影

фильм

高傳真音響

стереосистема

鑰匙

ключ

報紙

газета

油畫

картина

海報

плакат

收音機

радио

筆記本

блокнот

吸塵器

пылесос

仙人掌

кактус

蠟燭

свеча

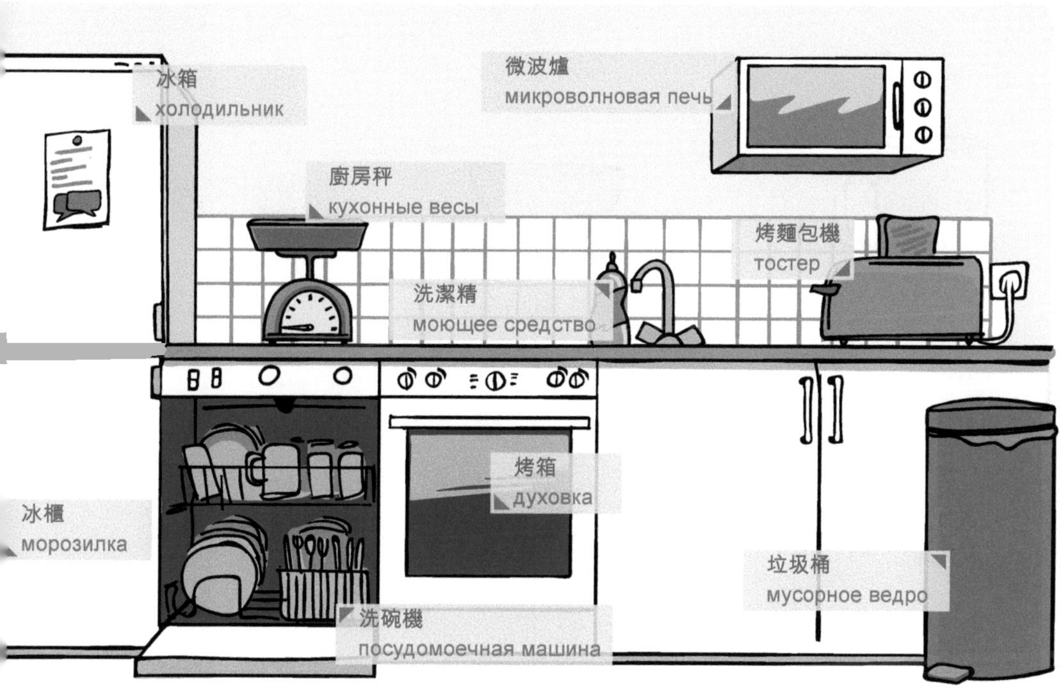

冰箱
холодильник

微波爐
микроволновая печь

廚房秤
кухонные весы

洗潔精
моющее средство

烤麵包機
тостер

冰櫃
морозилка

烤箱
духовка

垃圾桶
мусорное ведро

洗碗機
посудомоечная машина

炊具
плита

鍋
кастрюля

鑄鐵鍋
чугунный котелок

炒鍋
вок / кадай

平底鍋
сковорода

水壺
чайник

蒸鍋

пароварка

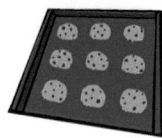

烤盤

противень

陶瓷鍋

посуда

馬克杯

кружка

碗

миска

筷子

палочки для еды

長柄勺

половник

鏟子

лопатка

攪拌器

сбивалка

濾網

сито

篩子

сито

磨碎機

тёрка

研缽

ступка

燒烤

гриль

明火

костёр

菜板

доска

擀麵杖

скалка

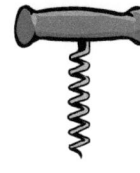

開瓶器

штопор

罐子

жестяная банка

開罐器

консервный нож

隔熱手套

прихватка

水槽

раковина

刷子

щетка

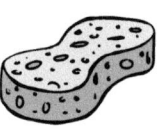

海綿

губка

攪拌機

миксер

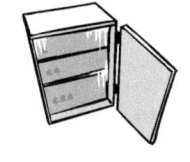

冷藏箱

морозильная камера

奶瓶

бутылочка для кормления

水龍頭

кран

浴室

ванная комната

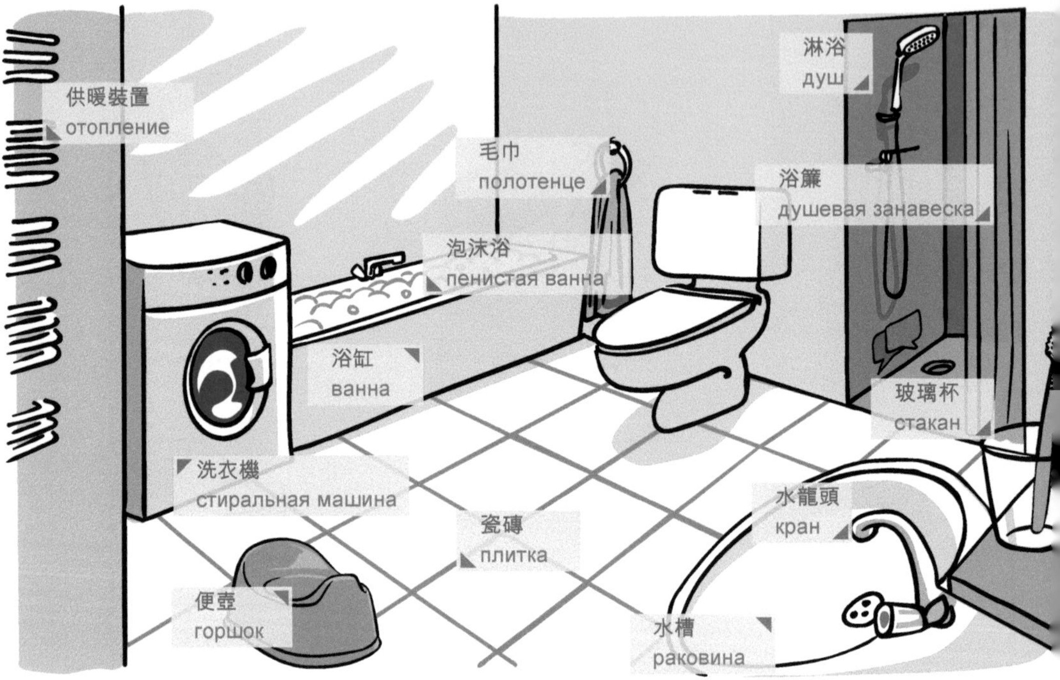

供暖裝置
отопление
毛巾
полотенце
淋浴
душ
浴簾
душевая занавеска
泡沫浴
пенистая ванна
浴缸
ванна
玻璃杯
стакан
洗衣機
стиральная машина
水龍頭
кран
瓷磚
плитка
便壺
горшок
水槽
раковина

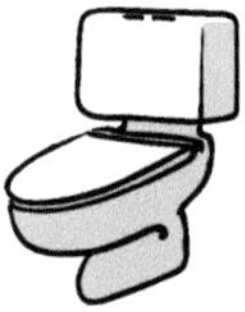

廁所

туалет

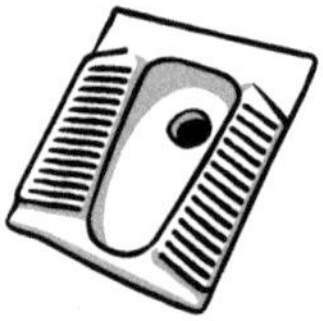

蹲便器

напольный унитаз

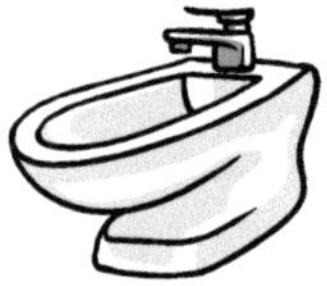

坐浴器

биде

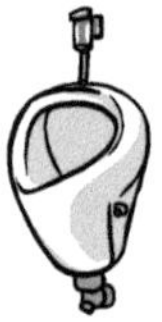

小便斗

писсуар

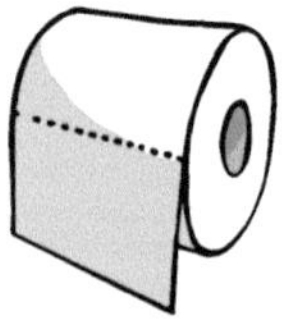

廁紙

туалетная бумага

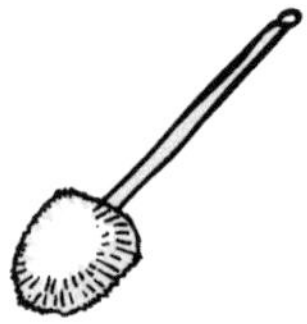

馬桶刷

ершик

牙刷

зубная щетка

牙膏

зубная паста

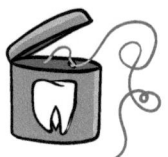

牙線

зубная нить

洗

мыть

手持式蓮蓬頭

ручной душ

沖洗器

интимный душ

洗臉盆

таз

洗背刷

щетка для спины

肥皂

мыло

沐浴露

гель для душа

洗髮乳

шампунь

法蘭絨

мочалка

排水

сток

乳霜

крем

除臭劑

дезодорант

鏡子

зеркало

手鏡

ручное зеркало

刮鬍刀

бритва

刮鬍泡沫

пена для бритья

鬍後水

лосьон после бритья

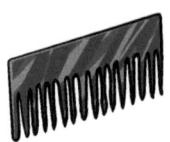

梳子

расческа

刷子

щетка

吹風機

фен

噴髮定型劑

лак для волос

化妝品

косметика

唇膏

губная помада

指甲油

лак для ногтей

化妝棉

вата

指甲剪

маникюрные ножницы

香水

духи

洗漱包

косметичка

凳子

табуретка

計重秤

весы

浴袍

халат

橡膠手套

резиновые перчатки

衛生棉條

тампон

衛生棉

гиеническая прокладка

化學廁所

биотуалет

兒童房

детская комната

鬧鐘
будильник
毛絨玩具
мягкая игрушка
玩具車
игрушечный автомобиль
撥浪鼓
погремушка
玩具屋
кукольный домик
禮物
подарок

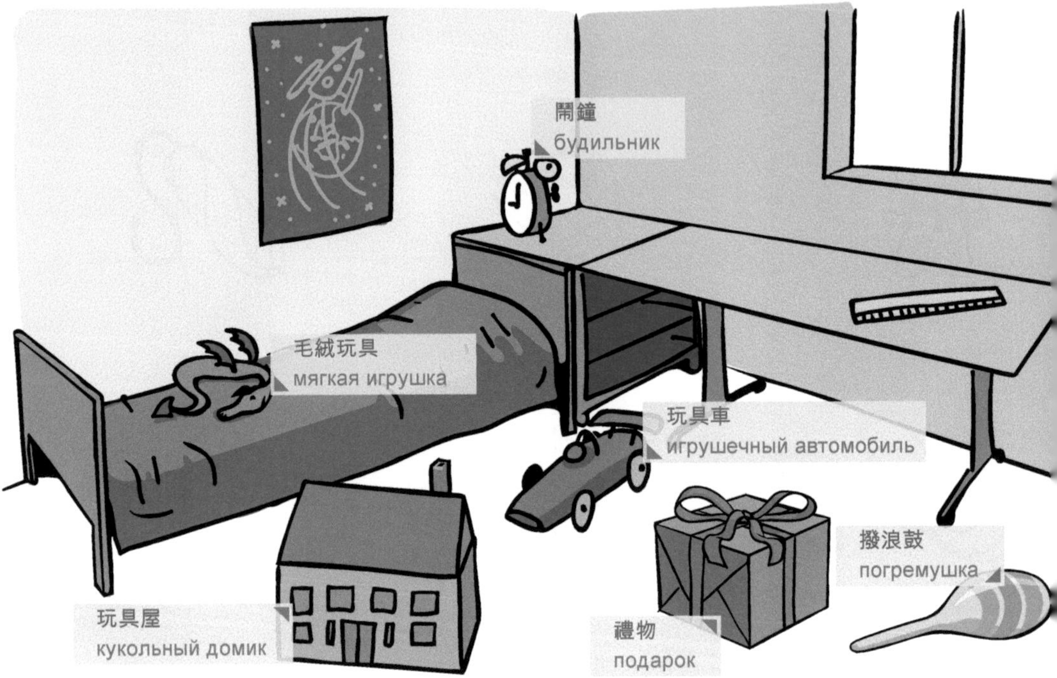

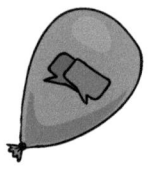

氣球

воздушный шар

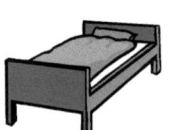

床

кровать

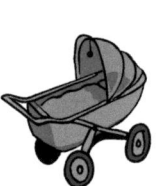

嬰兒車

детская коляска

撲克牌

карточная игра

拼圖

пазл

SUPER
MEGA

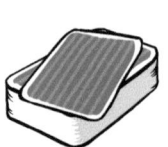

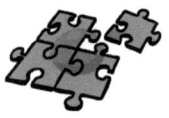

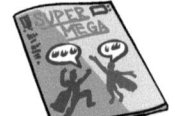

漫畫

комикс

樂高積木

кирпичики Лего

積木玩具

кубики

公仔

игрушечная фигурка

嬰兒服

ползунки

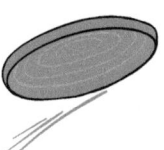

飛盤

фрисби

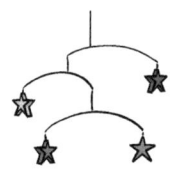

床鈴玩具

мобиле

棋盤遊戲

настольная игра

骰子

кубик

火車模型

модель железной дороги

安撫奶嘴

соска

派對

вечеринка

繪本

книга с картинками

球

мяч

洋娃娃

кукла

玩

играть

兒童房 - детская комната   43

沙坑

песочница

鞦韆

качели

玩具

игрушка

電玩遊戲

игровая приставка

三輪車

трёхколесный велосипед

泰迪熊

плюшевый медвежонок

衣櫃

шкаф для одежды

衣服

одежда

襪子

носки

長襪

чулки

緊身褲

колготки

围巾
шарф

皮带
ремень

雨伞
зонтик

T恤
футболка

靴子
сапоги

拖鞋
тапки

運動鞋
кроссовки

凉鞋
....
сандалии

鞋
....
ботинки

雨靴
....
резиновые сапоги

內褲
....
трусы

胸罩
....
бюстгальтер

背心
....
майка

衣服 - одежда

45

身體

боди

褲子

брюки

牛仔褲

джинсы

短裙

юбка

女式襯衫

блузка

襯衫

рубашка

套頭衫

свитер

連帽上衣

свитер

西裝夾克

спортивная куртка

夾克

жакет

外套

пальто

雨衣

плащ

套裝

костюм

連衣裙

платье

婚紗

свадебное платье

西裝

мужской костюм

睡袍

ночная сорочка

睡衣

пижама

莎麗

сари

頭巾

платок

包頭巾

тюрбан

波卡

паранджа

卡夫坦

кафтан

(阿拉伯式)長袍

абайя

泳衣

купальник

男式泳褲

плавки

短褲

шорты

運動服

спортивный костюм

圍裙

фартук

手套

перчатки

鈕扣

пуговица

眼鏡

очки

手鏈

браслет

項鍊

цепочка

戒指

кольцо

耳環

серьга

便帽

шапка

衣架

вешалка

帽子

шляпа

領帶

галстук

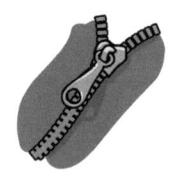

拉鍊

застежка молния

安全帽

шлем

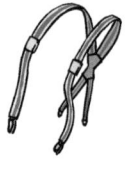

背帶

подтяжки

校服

школьная форма

制服

форма

衣服 - одежда

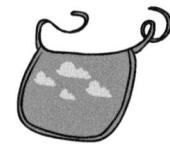

圍兜

детский нагрудник

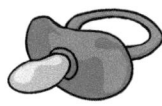

安撫奶嘴

соска

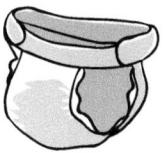

尿布

подгузник

辦公室

офис

伺服器
сервер
檔案櫃
канцелярский шкаф
紙
бумага
印表機
принтер
螢幕
монитор
滑鼠
мышь
辦公桌
письменный стол
資料夾
папка
鍵盤
клавиатура
廢紙簍
корзина для бумаг
電腦
компьютер
椅子
стул

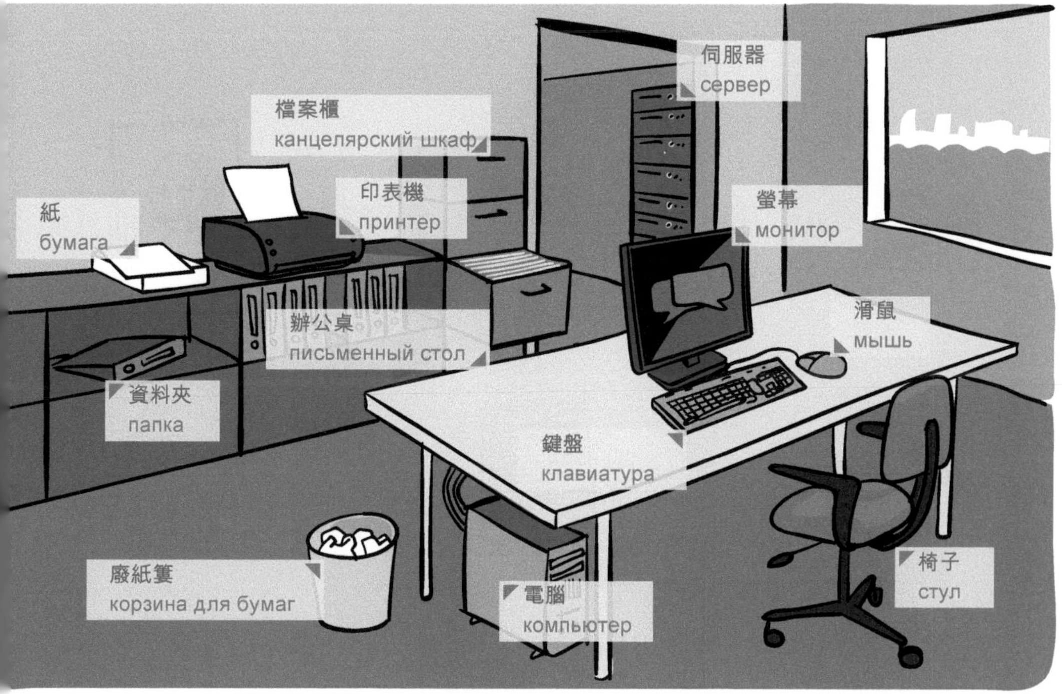

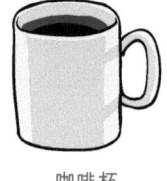

咖啡杯

кофейная кружка

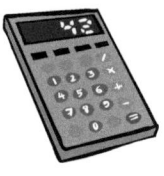

計算機

калькулятор

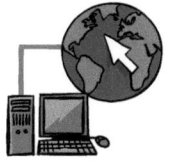

網際網路

интернет

筆記型電腦
ноутбук

信件
письмо

簡訊
сообщение

行動電話
мобильный телефон

網路
сеть

影印機
ксерокс

軟體
программа

電話
телефон

插座
розетка

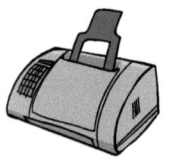

傳真機
факс

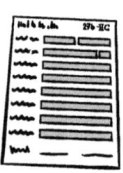

表格
формуляр

檔案
документ

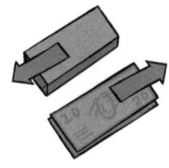

買

покупать

付錢

платить

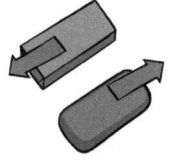

交易

торговать

現金

деньги

美元

доллар

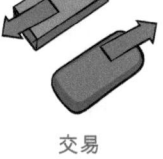

歐元

евро

日元

иена

盧布

рубль

瑞士法郎

франк

人民幣

жэньминьби юань

盧比

рупия

提款處

банкомат

外幣兌換處

пункт обмена валюты

金

золото

銀

серебро

石油

нефть

能源

энергия

價格

цена

合約

договор

稅金

налог

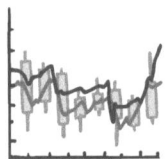

股票

акция

工作

работать

職員

служащий

老闆

работодатель

工廠

фабрика

商店

магазин

профессии

警官
милиционер

消防員
пожарный

廚師
повар

醫師
врач

飛行員
пилот

園丁

садовник

木匠

столяр

裁縫

швея

法官

судья

化學家

химик

演員

актёр

公車司機

водитель автобуса

計程車司機

таксист

漁夫

рыбак

清洗女工

уборщица

屋頂工

кровельщик

服務生

официант

獵人

охотник

畫家

художник

麵包師

пекарь

電工

электрик

建築工人

строитель

工程師

инженер

屠夫

мясник

水管工

сантехник

郵差

почтальон

士兵

солдат

建築師

архитектор

收銀員

кассир

花農

флорист

理髮師

парикмахер

售票員

кондуктор

機械技師

механик

船長

капитан

牙醫

зубной врач

科學家

ученый

拉比

раввин

伊瑪目

имам

和尚

монах

牧師

священник

職業 - профессии

55

工具

инструменты

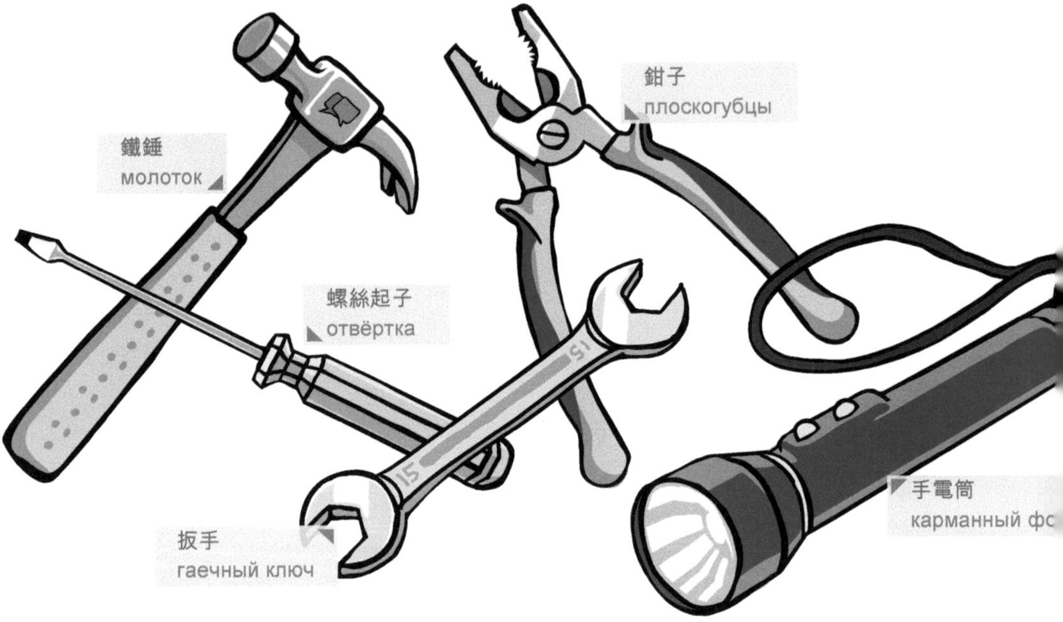

鐵鎚
молоток
鉗子
плоскогубцы
螺絲起子
отвёртка
手電筒
карманный фо
扳手
гаечный ключ

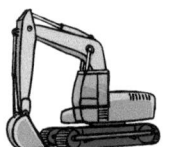

挖掘機

экскаватор

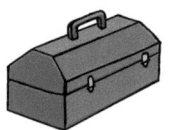

工具箱

ящик для инструментов

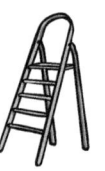

梯子

стремянка

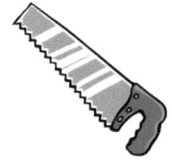

鋸子

пила

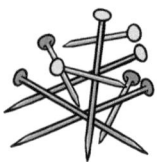

釘子

гвозди

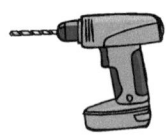

鑽機

дрель

修
ремонтировать

鏟子
лопата

糟糕！
Блин!

畚箕
совок

油漆桶
ведро с краской

螺絲
винты

樂器
музыкальные инструменты

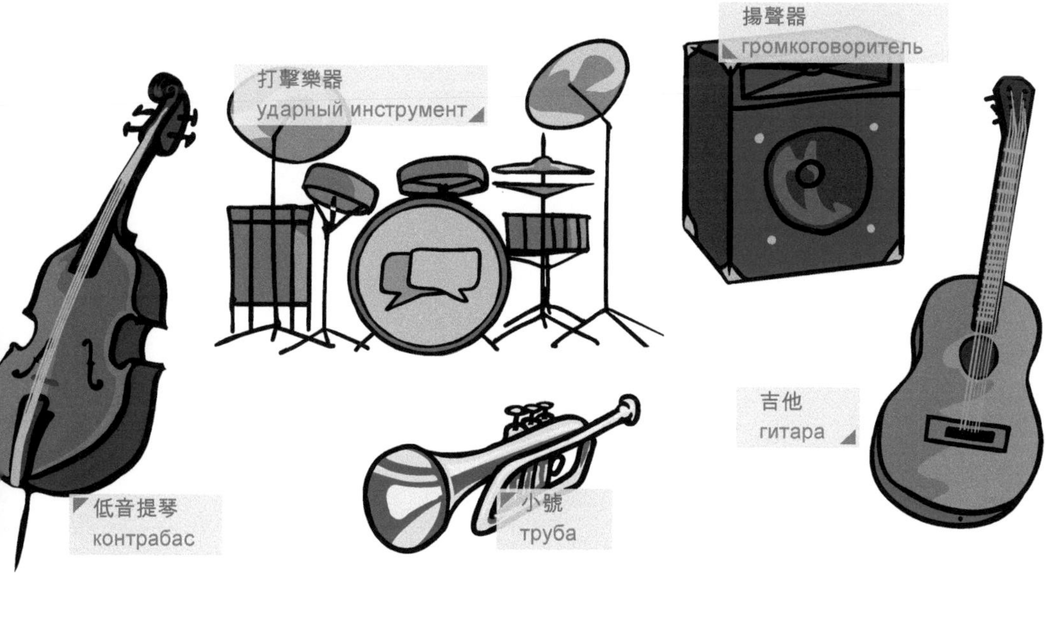

打擊樂器
ударный инструмент

揚聲器
громкоговоритель

吉他
гитара

低音提琴
контрабас

小號
труба

鋼琴

пианино

小提琴

скрипка

貝斯

бас-гитара

定音鼓

литавры

鼓

барабан

電子琴

синтезатор

薩克斯風

саксофон

長笛

флейта

麥克風

микрофон

動物園

зоопарк

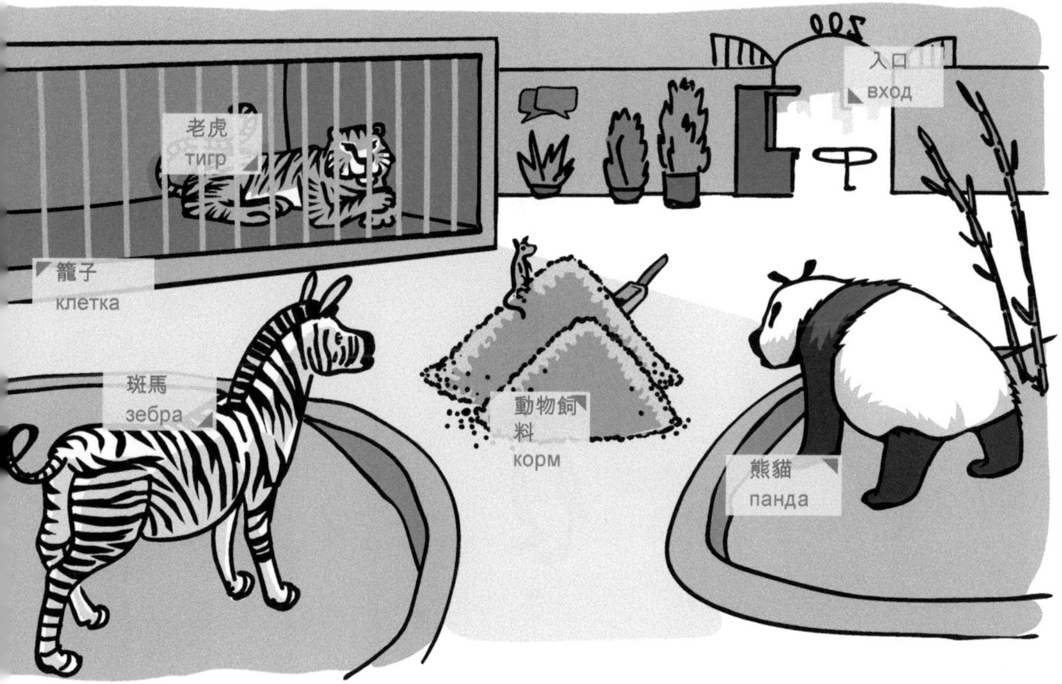

老虎
тигр
入口
вход
籠子
клетка
斑馬
зебра
動物飼料
корм
熊貓
панда

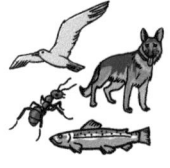

動物

животные

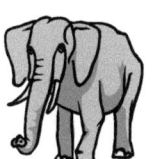

大象

слон

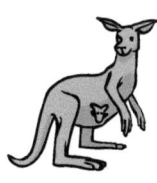

袋鼠

кенгуру

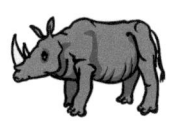

犀牛

носорог

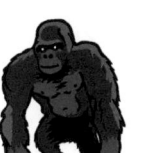

大猩猩

горилла

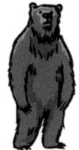

熊

медведь

駱駝

верблюд

鴕鳥

страус

獅子

лев

猴子

обезьяна

紅鶴

фламинго

鸚鵡

попугай

北極熊

белый медведь

企鵝

пингвин

鯊魚

акула

孔雀

павлин

蛇

змея

鱷魚

крокодил

動物園管理員

служитель зоопарка

海豹

тюлень

美洲豹

ягуар

矮種馬
пони

豹
леопард

河馬
бегемот

長頸鹿
жираф

老鷹
орёл

野豬
кабан

魚
рыба

龜
черепаха

海象
морж

狐狸
лиса

羚羊
газель

動物園 - зоопарк

體育
спорт

橄欖球
американский футбол

騎腳踏車
езда на велосипеде

網球
теннис

籃球
баскетбол

游泳
плавание

拳擊
бокс

冰球
хоккей

美式足球
футбол

羽毛球
бадминтон

田徑
лёгкая атлетика

手球
гандбол

滑雪
лыжный спорт

馬球
поло

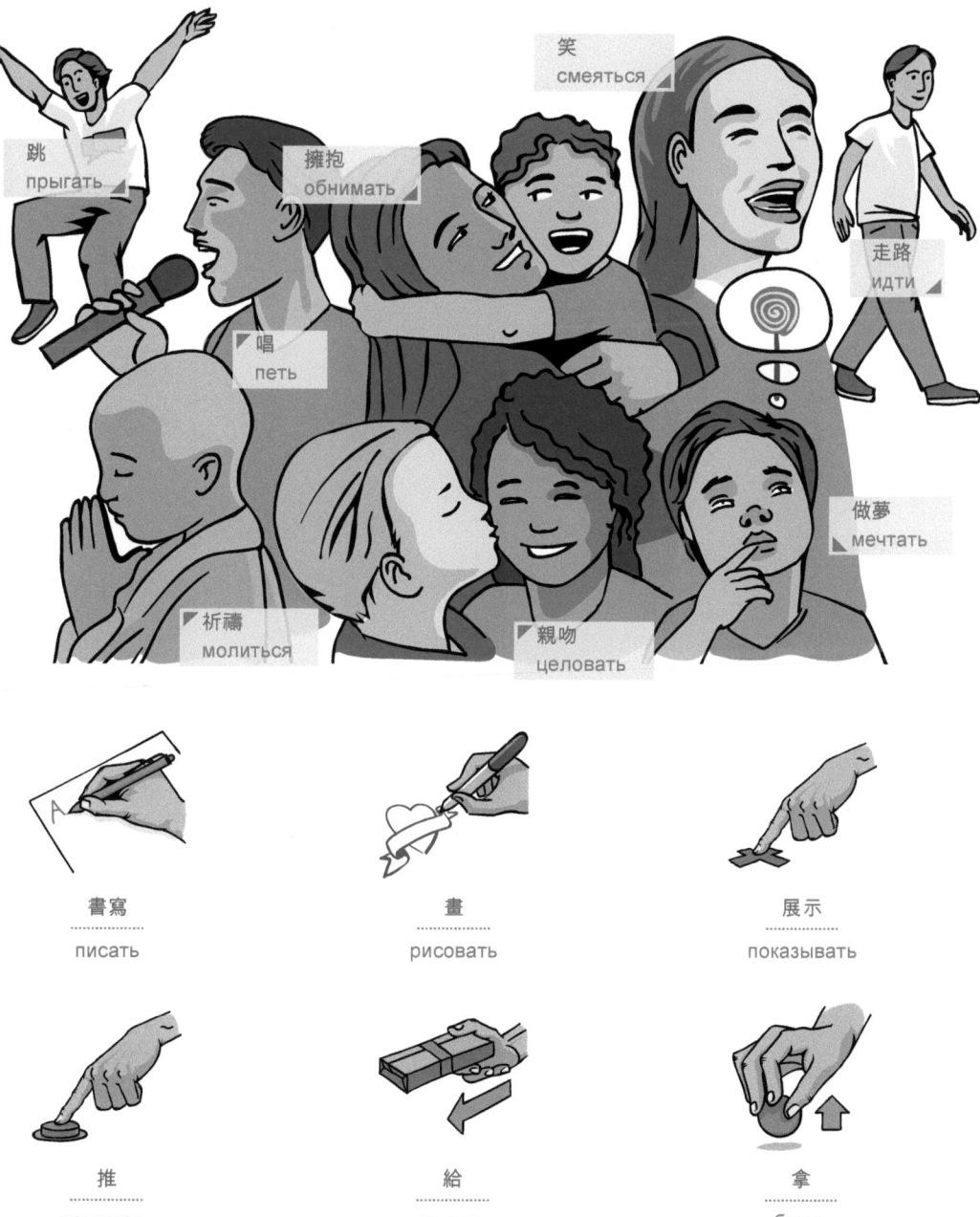

跳
прыгать

擁抱
обнимать

笑
смеяться

走路
идти

唱
петь

祈禱
молиться

親吻
целовать

做夢
мечтать

書寫
писать

畫
рисовать

展示
показывать

推
нажимать

給
давать

拿
брать

有

иметь

做

делать

當

быть

站

стоять

跑

бежать

拉

тянуть

丟

бросать

摔倒

падать

躺

лежать

等待

ждать

攜帶

носить

坐

сидеть

穿衣

надевать

睡覺

спать

醒來

просыпаться

看
рассматривать

哭
плакать

擊
гладить

梳頭
причесывать

交談
говорить

明白
понимать

問
спрашивать

聽
слушать

喝
пить

吃
кушать

清理
наводить порядок

愛
любить

做飯
готовить

開車
ехать

飛
летать

航行

ходить под парусом

計算

считать

讀

читать

學習

учиться

工作

работать

結婚

вступать в брак

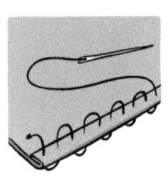

縫

шить

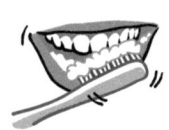

刷牙

чистить зубы

殺

убивать

抽菸

курить

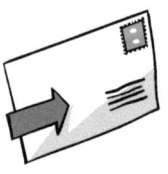

寄

отправлять

祖母
бабушка

嬰兒
младенец

母親
мама

祖父
дедушка

父親
папа

女兒
дочь

兒子
сын

客人

гость

阿姨

тетя

叔叔

дядя

兄弟

брат

姐妹

сестра

身體

тело

前額
лоб
眼睛
глаз
肩膀
плечо
手指
палец
臉
лицо
下巴
подбородок
手
кисть
腿
нога
乳房
грудь
手臂
рука

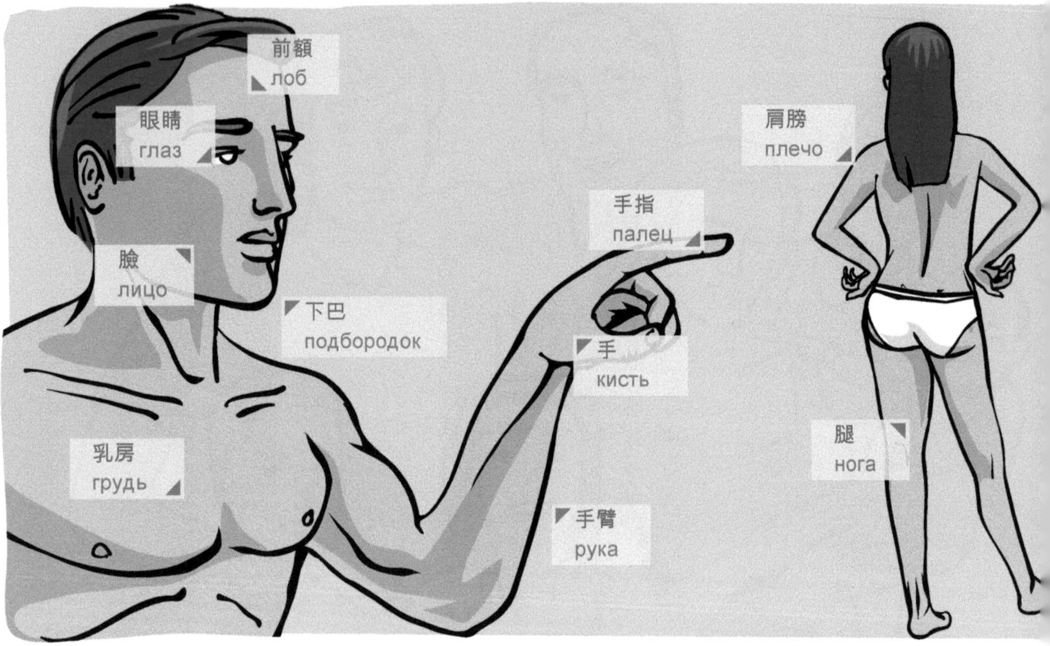

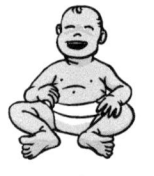

嬰兒

младенец

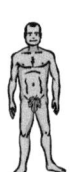

男人

мужчина

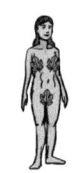

女人

женщина

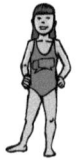

女孩

девочка

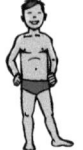

男孩

мальчик

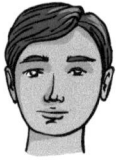

頭

голова

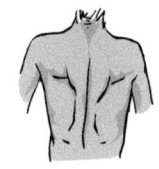

背部

спина

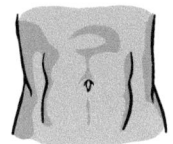

肚子

живот

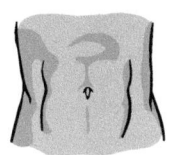

肚臍

пупок

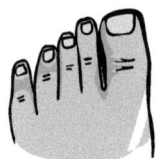

腳趾

палец ноги

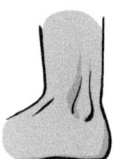

腳後跟

пятка

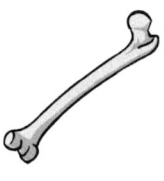

骨頭

кость

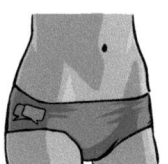

臀部

бедро

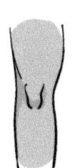

膝蓋

колено

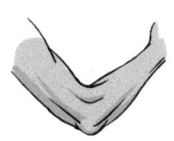

手肘

локоть

鼻子

нос

屁股

ягодицы

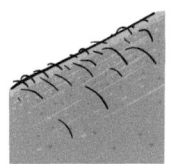

皮膚

кожа

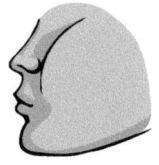

臉頰

щека

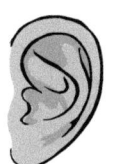

耳朵

ухо

嘴唇

губа

嘴

рот

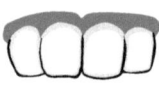

牙齒

зуб

舌頭

язык

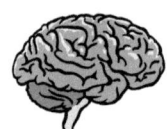

腦

мозг

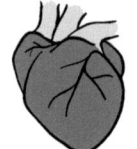

心臟

сердце

肌肉

мышца

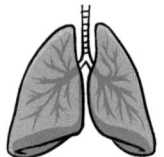

肺

лёгкое

肝臟

печень

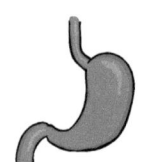

胃

желудок

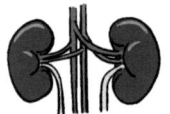

腎臟

почки

性交

половой акт

保險套

презерватив

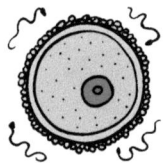

卵子

яйцеклетка

精子

сперма

懷孕

беременность

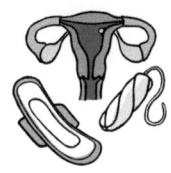

月事

менструация

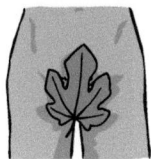

陰道

вагина

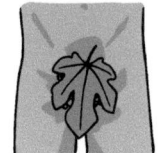

陰莖

пенис

眉毛

бровь

頭髮

волосы

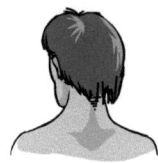

脖子

шея

醫院

больница

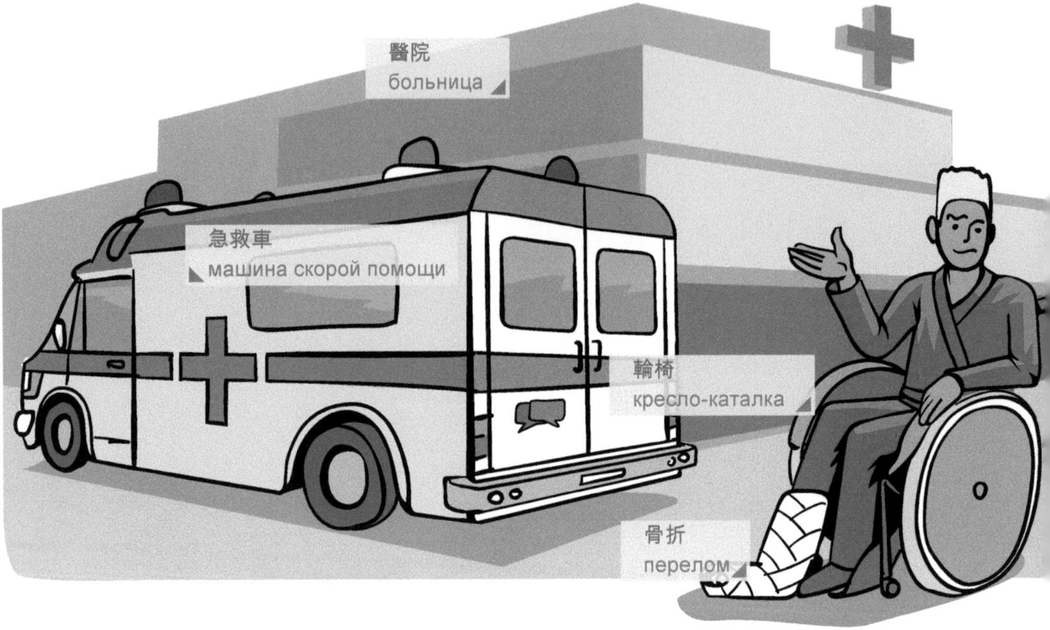

醫院
больница
急救車
машина скорой помощи
輪椅
кресло-каталка
骨折
перелом

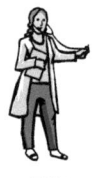

醫師
врач

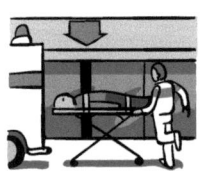

急診室
пункт первой помощи

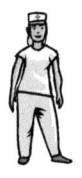

護理師
медсестра

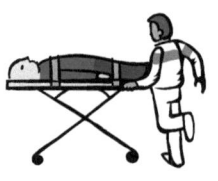

緊急情形
неотложный случай

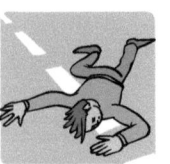

昏迷
без сознания

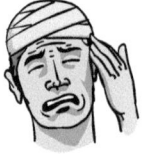

痛
боль

受傷

повреждение

出血

кровотечение

心臟病發作

инфаркт

中風

инсульт

過敏

аллергия

咳嗽

кашель

發燒

вышенная температура

流感

грипп

腹瀉

понос

頭痛

головная боль

癌症

рак

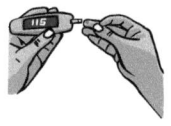

糖尿病

диабет

外科醫師

хирург

手術刀

скальпель

手術

операция

醫院 - больница

電腦斷層掃描

KT

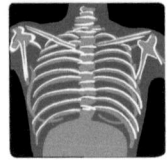

X光

рентген

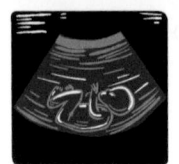

超音波

ультразвук

口罩

маска

疾病

болезнь

候診室

приёмная

拐杖

костыль

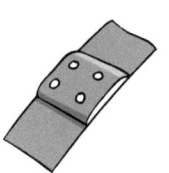

石膏

пластырь

繃帶

бинт

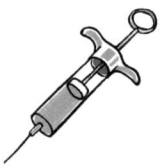

注射

укол

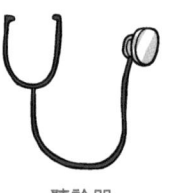

聽診器

стетоскоп

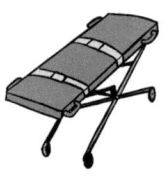

擔架

носилки

體溫計

термометр

出生

рождение

超重

избыточный вес

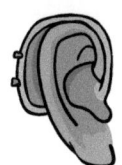

助聽器

слуховой аппарат

消毒液

дезинфекционное
средство

感染

инфекция

病毒

вирус

愛滋病

ВИЧ / СПИД

藥物

лекарство

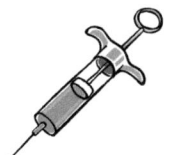

接種疫苗

прививка

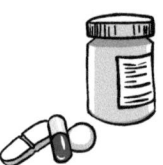

藥片

таблетки

藥丸

противозачаточная
таблетка

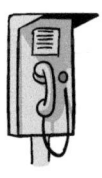

急救電話

экстренный вызов

血壓計

прибор для измерения
кровяного давления

生病/健康

больной / здоровый

救命！

Помогите!

突擊

нападение

警報

сигнал тревоги

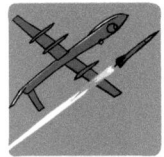

攻擊

атака

危險

опасность

緊急出口

запасной выход

失火了！

Пожар!

滅火器

огнетушитель

意外

несчастный случай

急救箱

аптечка

呼救訊號

SOS

員警

милиция

歐洲

Европа

北美洲

Северная Америка

南美洲

Южная Америка

非洲

Африка

亞洲

Азия

澳洲

Австралия

大西洋

Атлантический океан

太平洋

Тихий океан

印度洋

Индийский океан

南冰洋

Антарктический океан

北冰洋

Северный Ледовитый океан

北極

Северный полюс

南極

Южный полюс

南極洲

Антарктика

地球

земля

陸地

суша

海

море

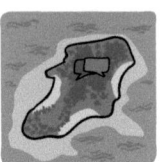

島

остров

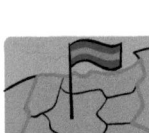

國家

нация

州

государство

地球 - земля

錶盤

циферблат

時針

часовая стрелка

分針

минутная стрелка

秒針

секундная стрелка

現在幾點？

Который час?

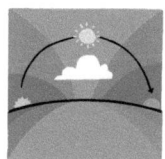

天

день

時間

время

現在

сейчас

電子錶

электронные часы

分

минута

時

час

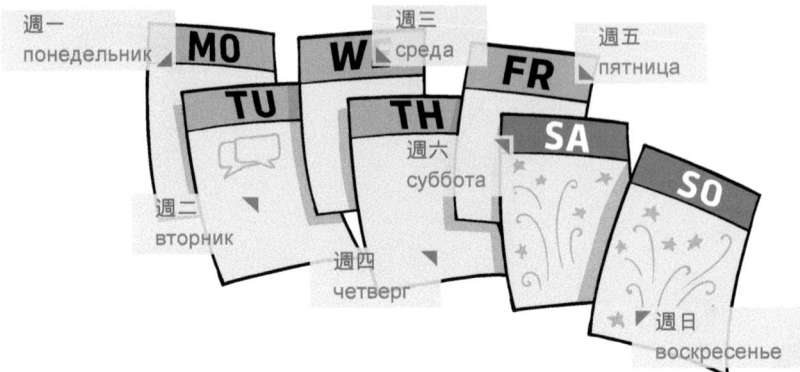

週一 понедельник
週三 среда
週五 пятница
週二 вторник
週四 четверг
週六 суббота
週日 воскресенье

昨天

вчера

今天

сегодня

明天

завтра

早晨

утро

中午

полдень

晚上

вечер

工作日

рабочие дни

週末

выходные

雨
▶ дождь

彩虹
▶ радуга

風
ветер

雪
снег

春
весна

夏
лето

秋
осень

冬
зима

天氣預告

прогноз погоды

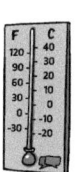

溫度計

термометр

陽光

солнечный свет

雲

туча

霧

туман

潮濕

влажность воздуха

閃電

молния

打雷

гром

風暴

буря

冰雹

град

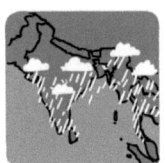

季風

муссон

洪水

наводнение

冰

лёд

一月

январь

二月

февраль

三月

март

四月

апрель

五月

май

六月

июнь

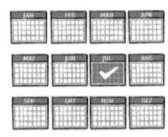

七月

июль

八月

август

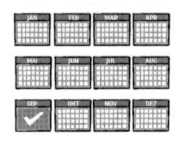

九月

сентябрь

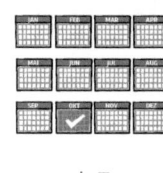

十月

октябрь

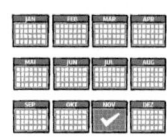

十一月

ноябрь

十二月

декабрь

形狀
формы

圓形

круг

正方形

квадрат

長方形

прямоугольник

三角形

треугольник

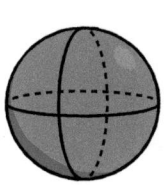

球體

шар

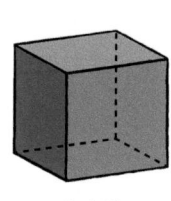

立方體

куб

白
....
белый

黃
....
желтый

橙
....
оранжевый

粉
....
розовый

紅
....
красный

紫
....
лиловый

藍
....
синий

綠
....
зелёный

棕
....
коричневый

灰
....
серый

黑
....
черный

很多/少許

много / мало

生氣/平靜

яростный / мирный

美/醜

красивый / уродливый

首/尾

начало / конец

大/小

большой / маленький

明/暗

светлый / темный

兄弟/姐妹

брат / сестра

乾淨/骯髒

чистый / грязный

完整/缺失

полный / неполный

白天/晚上

день / ночь

死/生

мёртвый / живой

寬/窄

широкий / узкий

可食用/非食用

съедобный / несъедобный

邪惡/善良

злой / дружелюбный

興奮/無聊

взволнованный /
скучающий

胖/瘦

толстый / худой

第一/最後

сначала / в конце

朋友/敵人

друг / враг

滿/空

полный / пустой

硬/軟

твёрдый / мягкий

重/輕

тяжёлый / легкий

餓/渴

голод / жажда

生病/健康

больной / здоровый

非法/合法

незаконный / законный

聰明/愚笨

умный / глупый

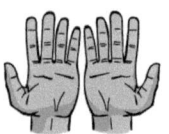

左/右

слева / справа

近/遠

близко / далеко

反義詞 - противоположности

新/舊

новый / подержанный

沒有/有些

ничто / нечто

老/幼

старый / молодой

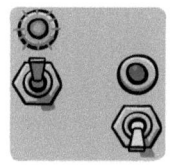

開/關

включено / выключено

打開/闔上

открыто / закрыто

安靜/吵鬧

тихо / громко

富/窮

богатый / бедный

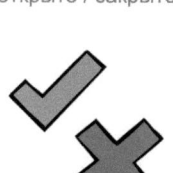

對/錯

правильный /
неправильный

粗糙/光滑

шероховатый / гладкий

傷心/高興

печальный / счастливый

短/長

короткий / длинный

慢/快

медленный / быстрый

濕/乾

мокрый / сухой

溫暖/涼爽

тёплый / прохладный

戰爭/和平

война / мир

0

零
ноль

1

一
один

2

二
два

3

三
три

4

四
четыре

5

五
пять

6

六
шесть

7

七
семь

8

八
восемь

9

九
девять

10

十
десять

11

十一
одиннадцать

12
十二
двенадцать

13
十三
тринадцать

14
十四
четырнадцать

15
十五
пятнадцать

16
十六
шестнадцать

17
十七
семнадцать

18
十八
восемнадцать

19
十九
девятнадцать

20
二十
двадцать

100
百
сто

1.000
千
тысяча

1.000.000
百萬
миллион

數字 - цифры

英語

английский

美式英語

американский английский

普通話

мандаринский китайский

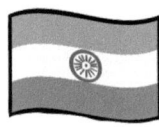

印地語

хинди

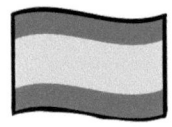

西班牙語

испанский

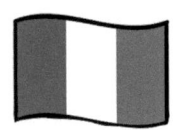

法語

французский

阿拉伯語

арабский

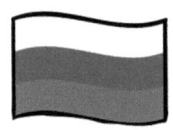

俄語

русский

葡萄牙語

португальский

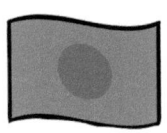

孟加拉語

бенгальский

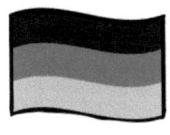

德語

немецкий

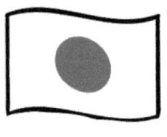

日語

японский

我

я

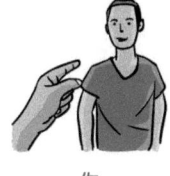

你

ты

他/她/它

он / она / оно

我們

мы

你們

вы

他們

они

誰？

кто?

什麼？

что?

如何？

как?

何處？

где?

何時？

когда?

名字

имя

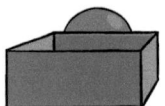

後面

за

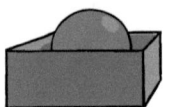

裡面

в

前面

перед

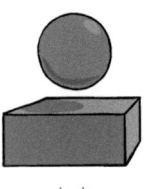

上方

над

上面

на

下麵

под

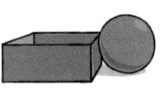

旁邊

рядом

中間

между

地點

место